GUILLAUME
LE CONQUÉRANT

Texte de Philippe Brochard
sous la direction d'Alain Plessis
Illustrations de Pierre Brochard

Les pirates venus du Nord

790

premier débarquement viking

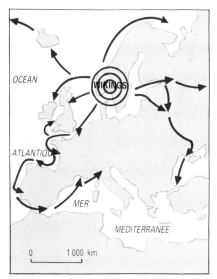

Scandinavie
Ensemble des pays nordiques constitué par le Danemark, la Norvège, la Finlande et la Suède.

fjord
Vallée étroite et envahie par la mer, particulière aux pays scandinaves.

Thor et Odin
Dieux scandinaves. Odin est considéré comme le père de tous les dieux scandinaves. Thor, son fils, est le dieu du Tonnerre et des Éclairs.

Au VIIIᵉ siècle, les pays d'Occident doivent faire face à une nouvelle vague d'envahisseurs qui attaquent sur tous les fronts : les Saxons, les Hongrois et les Bulgares, à l'est, les Arabes, au sud. Les pays du Nord semblent épargnés quand, soudain, les habitants d'Écosse et d'Angleterre voient arriver de grands diables furieux, sans scrupules, surgissant de bateaux effrayants. Ces pirates massacrent et poursuivent leur route ; ils pillent les riches abbayes, à l'écart des villes, détruisent les villages et emportent hommes et femmes en esclavage.
Pendant deux siècles, ils sèment la terreur, et les chrétiens, impuissants, ne peuvent que marmonner une prière : « Libère-nous, Seigneur, de la fureur des hommes du Nord. »
Les chrétiens ignorent qui ils sont.
Ils ne savent pas qu'en **Scandinavie**, au creux des **fjords**, vit une civilisation originale. Ce sont des agriculteurs qui habitent dans de confortables maisons de bois ; des artisans qui aiment les objets précieux et les tissus délicats. Des païens, bien sûr, qui croient à **Thor** et à **Odin**. Mais aussi des marchands qui animent des villes commerçantes. Ce sont également des marins qui n'hésitent pas à se lancer sur les mers du Nord. On les appelle Vikings.

Les bateaux des Vikings sont capables de naviguer dans toutes les conditions, à la voile ou à la rame. À la proue, il y a souvent une tête d'animal sculptée : on appelle alors le bateau un « snekkar » (tête de serpent) ou un « drakkar » (tête de dragon).

Vikings ou Normands

911
traité de
Saint-Clair-sur-Epte

Danelaw
« La loi danoise ». Ce mot désigne une région où les habitants de l'Angleterre sont soumis aux coutumes danoises.

Neustrie
Nom latin donné aux pays recouvrant actuellement les régions situées entre la Seine, la Loire, la Bretagne et la Manche.

Varègues
Nom donné en Orient aux Vikings suédois.

Russie
Les peuples slaves désignaient en effet les envahisseurs par le nom de « Rus ».

Vinland
Littéralement, ce nom signifie « terre de la vigne ». Les historiens pensent qu'il s'agit de la région du Saint-Laurent, mais, malgré de nombreuses recherches, la question n'est pas tout à fait élucidée.

Pour des hommes si habiles en navigation, les pays en bordure de mer ou le long des fleuves sont des proies faciles.
Les Vikings attaquent l'Écosse et l'Irlande, puis ils soumettent au **Danelaw** les régions centrales de l'Angleterre à qui ils font payer un impôt.
Ils pénètrent sur l'Elbe, et mettent à sac Hambourg. Ils remontent le Rhin et brûlent Mayence. Ils occupent la vallée de la Seine et assiègent Paris qui leur tient tête, mais de justesse. La Loire, la Meuse, la Garonne... partout ils établissent des bases d'où ils lancent d'autres opérations.
Le roi de France, Charles III dit le Simple, qui n'est pas assez fort pour leur résister, conclut en 911 un traité avec l'un des chefs, nommé Rolf ou Rollon. Il achète la paix en le reconnaissant maître de la **Neustrie** : d'attaquants, les pirates se feront défenseurs d'un pays qui se nommera Normandie.
Mais d'autres Vikings continuent : les **Varègues** imposent leur loi aux Slaves et fondent la **Russie**.
Des Norvégiens s'installent en Islande, puis au Groenland. L'un d'eux, Leif, fils d'Erik le Rouge, découvre une terre qu'il baptise **Vinland** : c'est l'Amérique !

Devant les attaques incessantes des Vikings, les moines de Noirmoutier doivent fuir en emportant les reliques de saint Philibert. Ils devront aller jusqu'en Bourgogne pour trouver la paix.

Robert, diable magnifique

1028
**naissance de Guillaume
le Conquérant**

l'empereur de Byzance

duché
Territoire gouverné par un
duc.

pelletier
Homme dont le métier est de
préparer les vêtements à partir de peaux d'animaux sau-
vages : cuir ou fourrure.

tapageur(euse)
Qui fait beaucoup de bruit
pour qu'on le remarque.

Sous ses nouveaux maîtres, la Normandie est devenue un pays presque indépendant, un **duché**.

Les premiers ducs font reconstruire les villes, les abbayes — comme le fameux Mont-Saint-Michel — et les ports qui ont été détruits.

Ils font régner l'ordre et rétablissent la justice. La sécurité, en Normandie, devient proverbiale : la légende raconte que le duc avait laissé, dans un arbre, une chaîne d'or qu'il retrouva trois ans plus tard, au même endroit.

Le fils de Rollon se nomme Guillaume Longue-Épée. Son petit-fils Robert, violent et impétueux, se fait beaucoup d'ennemis ; plus tard, la tradition le surnommera Robert le Diable. Mais c'est aussi un jeune homme élégant et séduisant. Un jour, il s'éprend d'Arlette, la fille d'un **pelletier** de son château. Quelque temps plus tard, celle-ci met au monde un fils, Guillaume. Bientôt, pris de remords envers ses fautes passées, Robert veut accomplir le pèlerinage de Jérusalem. Il désigne son fils pour lui succéder s'il lui arrivait malheur en route. Pendant son voyage, il manifeste une générosité débordante, un peu **tapageuse**. Ceux qui le voient l'appellent dès lors « Robert le Magnifique ».

En entrant à Constantinople, Robert avait fait ferrer ses mules de clous d'or trop courts qui tombaient lorsqu'elles avançaient. Mais les Normands ne les ramassaient pas pour bien montrer leur dédain des richesses.

Guillaume, le Bâtard

1035
Guillaume devient duc à sept ans

un châtelain normand

bâtard
On appelait ainsi un enfant naturel d'un homme et d'une femme non mariés.

vassaux
Seigneurs obéissant à un personnage plus important qu'eux.

précepteur
Homme chargé de l'éducation d'un seul enfant.

tuteur
Homme remplaçant le père lorsque celui-ci est décédé.

On apprend soudain la mort du duc Robert : il n'avait que vingt-cinq ans !
Son fils est encore en bas âge. De plus, le jeune Guillaume n'est qu'un **bâtard** : son père et sa mère n'étaient pas mariés.
Robert avait fait jurer fidélité à ses **vassaux**. Mais les barons normands profitent de la situation pour se révolter. Ils n'oublient pas, en effet, qu'ils sont fils de pirates.
Parmi eux, un certain Roger de Tosny s'est taillé une sinistre réputation en combattant les musulmans d'Espagne : on dit que, chaque matin, il se fait servir au déjeuner la tête d'un Infidèle !
Sachant qu'il n'a plus de seigneur pour le punir, il attaque les terres de ses voisins.
D'autres barons suivent l'exemple : la Normandie devient la proie des guerres privées. C'est une période tragique et sanguinaire.
Le jeune Guillaume voit ses conseillers et son **précepteur** assassinés.
Son **tuteur** est poignardé devant ses yeux, dans son propre lit.
Le frère d'Arlette doit cacher son neveu et le confie à d'humbles paysans chez qui il vit en secret.
Pendant des années, l'enfant duc disparaît.

Ceux qui abritèrent le petit bâtard ne savaient même pas qui il était. Plus tard, Guillaume n'oubliera jamais les gens humbles à qui il devait la vie.

Sauvé par un fou

un bouffon

bouffon
Personnage ridicule que les rois faisaient venir à leur cour pour les divertir.

fou
Fou au sens de bouffon. Sous des apparences de folie, c'est souvent un conseiller avisé, mais auquel personne ne prend garde.

démembré
Littéralement : quelqu'un à qui on arrache les membres du corps.

féodal
Concerne l'organisation de la société du Moyen Age entre les seigneurs qui se vouent un mutuel respect.

A quatorze ans, Guillaume est majeur. Rejetant les conseils de prudence, il décide de reprendre en main son pays en suivant les conseils d'hommes cultivés, les moines. Mais les barons révoltés veulent en finir. Sous l'instigation de Guy de Bourgogne, cousin de Guillaume, des conjurés se réunissent à Bayeux pour attirer le duc dans un traquenard et l'assassiner. Or, dit-on, un **bouffon** surprend les comploteurs. Ceux-ci n'y prennent pas garde : ce n'est qu'un **fou** ! Mais, la nuit venue, l'homme s'enfuit et court prévenir Guillaume : « Sauve-toi, Guillaume, ou tu seras **démembré** ! »
Le jeune duc saute de son lit, selle un cheval et prend la fuite.
Dans l'obscurité, il entend venir une troupe à sa rencontre et il se cache derrière une haie : ses agresseurs ne le voient pas. Le jour suivant, Guillaume est égaré, son cheval exténué. Un vieux chevalier le reconnaît, il pourrait le dénoncer mais le vieil homme reste fidèle à son serment **féodal** : il donne asile au duc, lui procure une garde pour le conduire dans son château de Falaise. Lorsque les poursuivants arrivent sur les lieux, il leur indique une mauvaise route. Guillaume est sauvé. Mais pour combien de temps ?

A peine vêtu, Guillaume fuit dans la campagne. Dissimulé derrière une haie d'arbres, il voit passer une troupe armée qui le recherche.

Guillaume, le duc

une tour de siège

Guillaume sait que, s'il reste isolé, il est perdu. Son seul recours : le roi de France qui, selon le code féodal, est son seigneur. Il lui demande protection.
En fait, le roi Henri Ier aurait préféré voir disparaître ce dangereux voisin. Mais il sait que, s'il ne remplit pas son devoir de seigneur, tous ses autres sujets ne lui feront plus confiance. La **monarchie capétienne** est encore très faible : elle craint la rébellion.
Le duc Guillaume réussit, par cette habile politique, à faire entrer le roi de France dans son jeu.
Grâce à son aide, il bat ses ennemis au Val-des-Dunes, près de Caen.
Il poursuit son cousin Guy de Bourgogne jusqu'au château de Brionne qu'il **assiège** pendant trois ans.
A la fin, lorsque tous les barons normands reconnaissent, de gré ou de force, son autorité, Guillaume accorde son pardon aux hommes de valeur. Ainsi, il tisse autour de lui un réseau de fidèles amitiés qui lui permettent de faire face à une autre rébellion et à de nombreux ennemis de l'extérieur.
Au milieu du XIe siècle, la Normandie est, avec la Flandre, la contrée la plus puissante du royaume de France.

monarchie capétienne
Gouvernement régi par la dynastie des rois capétiens issue d'Hugues Capet en 987. Elle régna sur la France jusqu'en 1328.

assiéger
Comme les plus grands chefs militaires de son temps, Guillaume emploie la tactique du siège avec des tours de bois.

Au Val-des-Dunes, Guillaume, qui n'a pas tout à fait vingt ans, se fait remarquer pour sa bravoure. Le roi de France, qui a combattu à ses côtés, a été désarçonné par deux fois.

La trêve de Dieu

1049
Guillaume
est excommunié

décor de l'abbaye
aux Dames

trêve de Dieu
Période pendant laquelle les combattants cessent de se battre ; c'est généralement l'Église qui impose cette idée.

écoles monastiques
Les monastères ne forment pas seulement des religieux. Des laïcs y suivent l'enseignement.

excommunié
Se dit d'un homme contre qui l'Église a prononcé une sanction très grave appelée excommunication. Théoriquement, un excommunié ne fait plus partie, aux yeux de l'Église, du reste du monde. Si le duc est excommunié, les églises normandes seront fermées.

En 1041, le pape proclame la **trêve de Dieu** : reprenant l'idée à son compte, Guillaume demande à ses châtelains de ne pas combattre pendant la période du Carême à la Pentecôte et, toute l'année, du mercredi soir au lundi matin. Mais la tâche n'est pas simple, dans un monde depuis longtemps habitué aux crimes et aux guerres privées. Guillaume s'appuie alors sur l'autorité morale des moines : il fait venir des gens d'Italie et de Bourgogne, issus d'**écoles monastiques** renommées. Il les charge de reconstituer les **abbayes** normandes : Fécamp et Le Bec-Hellouin serviront de modèles.

A cette époque, un monastère n'est pas seulement un lieu de prière. Les moines apprennent à lire et à écrire à de nombreux élèves ; ils copient les textes anciens. Guillaume a compris qu'il doit se fier plutôt à l'instruction qu'à la force.

Cependant, en 1049, ce champion de la chrétienté est **excommunié**. Guillaume, en effet, veut épouser Mathilde, fille du comte de Flandre : ces deux puissants pays seraient alliés. Mais le pape prétend que Guillaume et Mathilde sont cousins : le mariage est donc impossible ! Guillaume passe outre ; il épouse Mathilde en 1053. Mais le duché demeure pendant dix ans sous le coup de l'excommunication.

Guillaume espère que les grands personnages de son duché viendront se former dans les abbayes. Le moine italien Lanfranc, ami intime de Guillaume, fait du Bec-Hellouin un centre réputé. Il s'efforce à convaincre le pape de lever l'excommunication.

L'ordre et la justice

**1054 et 1057
Guillaume bat le roi
de France**

un chevalier normand

La Normandie est dirigée par des seigneurs
dont l'autorité se superpose comme
une sorte de pyramide. Au sommet, le duc.
Mais Guillaume a appris, très jeune,
à se méfier des autres hommes.
Il ne délègue rien de son autorité.
Il entend agir seul.
Son pouvoir est autoritaire et centralisé.
Des vicomtes l'aident à administrer le duché.
Trois fois par an, il réunit sa cour pour
débattre des questions importantes avec
les puissants seigneurs ou pour rendre justice.
Il reçoit l'**hommage** de ses vassaux et,
en échange, leur accorde des terres
qui deviendront leur **fief**. Ceux-ci ont pour
charge d'assurer la justice et de défendre
le duc.
A cet époque, les seigneurs normands
commencent à construire en pierre
les principaux châteaux qui, plus tard,
s'agrandiront et deviendront de véritables
forteresses. Guillaume se méfie de ces
constructions où des seigneurs **félons**
peuvent se réfugier. C'est pourquoi
il y nomme des gens sûrs et fidèles.
Il dispose alors de la plus grande force
militaire de France et peut défendre le duché
contre ses voisins : les Bretons, les Angevins
et les gens du roi de France. En effet,
Guillaume n'est plus allié au roi de France,
sur qui il remporte une brillante victoire.

hommage
Acte par lequel un homme se
reconnaît le vassal de son seigneur.

fief
Terre concédée par le seigneur à son vassal.

félon
Traître qui ne respecte pas ses
engagements.

*La construction de la motte est à l'origine de
nombreux châteaux forts. Le plan en est simple :
des ouvriers creusent d'abord une tranchée cir-
culaire et fortifiée. Puis, ils reversent au centre la
terre qu'ils ont tirée du fossé. Sur cette motte
artificielle s'établit une tour.*

L'expédition

Édouard le Confesseur

Guillaume a d'autres ambitions : outre-mer, l'Angleterre, déchirée par les guerres, est une proie facile. **Saxons** et Danois se combattent depuis plus de deux siècles. Récemment encore, deux familles rivales se sont battues pour accéder à la royauté. Le roi Édouard est un sage ; on le surnomme « Édouard le Confesseur » à cause de sa **piété**. De mère normande, il a passé son enfance en Normandie, parle français et s'entoure d'une garde normande. Guillaume lui offre son soutien et lui rend visite : à son retour, il annonce qu'Édouard lui a promis la succession au trône d'Angleterre !

Mais, à la mort d'Édouard, c'est le fils du parti rival, Harold, qui se fait proclamer roi par ses partisans.

Guillaume décide de punir ce **parjure** : mais pour cela, il doit passer en Angleterre. Les soldats ne lui manqueront pas : de nombreux jeunes nobles attendent l'occasion de se distinguer et de conquérir des terres. Deux des leurs sont déjà partis, dix ans plus tôt, vers le sud : ils ont conquis la Sicile et le sud de l'Italie. Guillaume fait rassembler une gigantesque flotte, embarque avec armes, chevaux et bagages. La saison est mauvaise pour naviguer : la traversée est retardée. Les hommes s'impatientent ; on craint la rébellion. Guillaume doit à nouveau s'imposer.

Saxons
Un des nombreux peuples qui, depuis la fin de l'époque romaine, ont envahi l'Angleterre.

piété
Vif sentiment religieux.

parjure
Trahison d'un serment prêté.

Guillaume a fait rassembler sur la plage de Dives, en Normandie, tous les bateaux capables de faire la traversée jusqu'en Angleterre ; sans doute plus de deux mille !

Diex aïe !

un axe-man et sa hache

Diex aïe !
« Dieu aide ! », cri de guerre normand. Les Vikings criaient « Thor aïe ! » mais les Normands ont christianisé leur vieux cri de guerre.

axe-men
« Les hommes à la hache. » Ce sont les combattants d'élite saxons. Ils sont seulement armés d'une hache, au tranchant aiguisé comme un rasoir. Ils se disent capables de trancher d'un seul coup la tête d'un cheval.

Enfin, les Normands mettent pied sur le sol anglais. Harold, à ce moment-là, repousse des envahisseurs norvégiens. Apprenant le débarquement normand, il court avec les siens vers le sud. Il rencontre l'armée normande près du village d'Hastings, sur la lande de Senlac. Harold prend position au flanc d'une colline et dispose ses hommes en rangs serrés, comme une véritable barrière humaine. En avant, il dispose ses fameux **axe-men**. Guillaume compte sur sa cavalerie et lance plusieurs assauts. Chaque fois, les Normands sont repoussés ; les hommes tombent ; le combat est acharné de part et d'autre. Un moment, on croit que Guillaume est mort. Rapidement, c'est la panique dans le camp normand ; le duc doit enlever son casque et se montrer aux siens tête nue pour leur redonner courage. Voyant qu'ils ne parviennent pas à renverser ce rempart humain, les Normands feignent de prendre la fuite. Des Saxons se mettent à les poursuivre et... tombent sous les coups. C'était un piège ! Pour en finir, Guillaume ordonne à ses archers de tirer en l'air : les flèches retombent sur les Saxons comme une pluie mortelle. L'une d'elles atteint Harold à l'œil et le tue.
Le soir, Guillaume est vainqueur. Il sera désormais « Guillaume le Conquérant ».

Au Moyen Âge, les soldats ne portent pas d'uniformes. Dispersés, les vêtements déchirés, les hommes deviennent alors méconnaissables. Le duc Guillaume doit enlever son casque pour prouver aux siens qu'il est encore en vie.

Le « Domesday-Book »

1087
mort de Guillaume le Conquérant

un seigneur saxon

Westminster
Depuis cette date, Westminster est une abbaye célèbre à Londres. Elle contient les sépultures de tous les rois et des personnages importants d'Angleterre.

pacification
Action qui consiste à imposer la paix dans une région.

inventaire
Relevé exact, par écrit, de tous les biens qui appartiennent à une personne, à un État...

Au lendemain de la bataille, les Normands imposent leur loi aux régions sud de l'Angleterre. Ils s'emparent de Londres, et Guillaume choisit de se faire sacrer roi au plus vite. La cérémonie a lieu à l'abbaye de l'Ouest, **Westminster**, le jour de Noël 1066. Les principaux chefs saxons jurent fidélité à Guillaume et celui-ci peut croire qu'il est reconnu comme leur chef.
Mais il n'en est rien : Guillaume doit bientôt faire face à des rebelles anglais, danois, saxons, gallois, et à son propre fils qui prétend s'emparer du pouvoir en Normandie. La **pacification** de l'Angleterre dure dix ans. Les derniers résistants sont encerclés et vaincus dans les marais qui se trouvent au nord-est de Londres. Mais Guillaume, fatigué et vieilli, n'a plus de pitié pour le pays conquis. Il dépossède tous les Saxons révoltés et donne leurs terres à ses propres hommes. Pour que la répartition soit juste, il fait dresser un **inventaire** précis de toute l'Angleterre consigné dans le « Domesday-Book », le « Livre du Jugement dernier ».
Jusqu'à la fin de sa vie, Guillaume tient à tout contrôler.
Épuisé, il meurt à Rouen en 1087, à 59 ans.

Avant d'accorder les terres aux Normands, Guillaume fait dresser l'inventaire des propriétés saxonnes.

Chronologie

Guillaume le Conquérant,
Duc de Normandie
et roi d'Angleterre
Gravure

790	Premier débarquement viking.

790   Premier débarquement viking.

911   Le roi de France, Charles III le Simple et le chef des vikings Rolf ou Rollon signent le traité de Saint-Clair-sur-Epte. Rollon est reconnu maître de la Normandie.

1028   Naissance à Falaise de Guillaume le Bâtard.

1035   Guillaume devient duc à 7 ans, à la mort de son père.

1042   Guillaume échappe à un complot préparé par son cousin, Guy de Bourgogne.

1047   Grâce au soutien du roi de France, Henri Ier, Guillaume bat ses ennemis au Val-des-Dunes.

1053   Mariage de Guillaume et de Mathilde, fille du comte de Flandre.

1054 et 1057   Le roi de France et son frère Eudes envahissent la Normandie. Guillaume les bat à Mortemer-sur-Eure. Henri Ier est battu une seconde fois par Guillaume en 1057.

1066   Guillaume débarque en Angleterre et gagne la bataille d'Hastings contre Harold. Il est couronné roi d'Angleterre à l'abbaye de Westminster, le jour de Noël. On le désigne désormais sous le nom de Guillaume le Conquérant.

1087   La cour royale approuve, à Gloucester, le projet d'où sortira le premier « cadastre » anglais, le *Domesday-Book*.

1087   Guillaume meurt à Rouen le 9 septembre.

Château de Falaise, en Normandie,
où est né Guillaume en 1028

Personnages célèbres

● **Rollon** (vers 860-vers 933). Chef scandinave, il fut le premier duc de Normandie. Au cours de ses incursions, il occupa la région de Rouen. Par le traité de Saint-Clair-sur-Epte, il se fit céder une partie de la future Normandie par le roi carolingien Charles le Simple.

● **Erik le Rouge** (vers 940-vers 1030). Chassé de son pays, ce chef norvégien gagna le Groenland en 985. Son fils, Leif Erikson, aurait été le premier à débarquer sur une côte américaine.

● **Henri Ier** (1008-1060). Roi de France de 1031 à 1060, il dut donner la Bourgogne à son frère Robert qui lui contestait la couronne. Après avoir aidé Guillaume contre les nobles révoltés, il lui fit la guerre et fut battu à Mortemer en 1054. Il épousa Anne, la fille du grand duc de Kiev.

● **Edouard le Confesseur** (vers 1002-1066). Il fut roi d'Angleterre à partir de 1042. Entouré de nombreux Normands, il dut affronter une révolte des barons saxons conduits par Godwin, un homme politique anglais. Avant de mourir, Edouard aurait promis son royaume à Guillaume le Bâtard. Comme le roi de Norvège prétendait aussi lui succéder, Edouard crut bon de choisir finalement le fils de Godwin, Harold. La conquête de l'Angleterre par Guillaume régla le problème.
On doit à Edouard la construction de l'abbaye de Westminster.

Arrivée des hordes vikings danoises du chef Rolf en 911
Paul S. Christiansen, 1855-1933

Henri 1er, roi de France

Généalogie

Guillaume I
le Conquérant 1066[*]

Guillaume II le Roux
1087[*]

Henri Ier Beauclerc
1100[*]

Rêve de Henri I et Henri II
Chronique de John de Worcester

Etienne de Blois
prend la couronne
d'Angleterre à la place
de Mathilde en 1135[*]

Mathilde épouse Geoffroi V
Plantagenêt
comte d'Anjou

Henri reçut donc
en héritage l'Anjou,
le Maine, la Touraine,
le Poitou puis l'Aquitaine

Henri II Plantagenêt épouse Aliénor d'Aquitaine
1154[*]

Richard Cœur de lion
1189[*]

[*]dates auxquelles ils ont été rois d'Angleterre

L'Angleterre normande

● **Après 1066...**

À la suite de la conquête normande, en 1066, le sort de l'Angleterre se trouve lié à celui du continent. La Manche devient un véritable « canal ».

Guillaume réussit à organiser en Angleterre une monarchie centralisée. A la fin de son règne, le pays de Galles est intégré dans le royaume d'Angleterre et le roi d'Écosse reconnaît la suzeraineté de Guillaume.

Craint par ses ennemis, redouté de ses sujets, Guillaume se comporte en souverain anglais : il s'applique à apprendre la langue de ses sujets et parvient à assurer une certaine sécurité dans son royaume. Pendant son règne, rappelait-on après sa mort, un homme pouvait se rendre d'un bout à l'autre du royaume avec une bourse pleine d'or sans se faire attaquer.

En 1086, Guillaume oblige tous les grands seigneurs du royaume à lui jurer fidélité. Il s'assure ainsi de leur obéissance.

Reconstitution de la bataille de Hastings

Aquarelle : bâteaux normands du temps de Guillaume le Conquérant, XIe siècle

L'Angleterre normande

Guillaume 1er d'Angleterre
faisant une donation de
terres au comte de Bretagne

Cette même année 1086, une vaste enquête est menée dans tout le royaume. Toutes les propriétés et les terres sont relevées. Il s'agit surtout de déterminer le montant des impôts à faire payer à chacun des propriétaires, en connaissant exactement la valeur de ses biens. Guillaume veut y voir clair et souhaite mettre de l'ordre dans les affaires du royaume. L'enquête est effectuée en moins d'un an !

● L'extension du royaume

Rapidement le royaume d'Angleterre devient puissant. La petite fille de Guillaume, Mathilde, épouse le comte d'Anjou : elle devient la seule héritière de la Normandie et de l'Angleterre. Son fils, Henri II, épousera la duchesse d'Aquitaine, Aliénor. Grâce à ces deux mariages, le roi d'Angleterre possède la moitié du royaume de France. C'est l'origine de nombreux conflits entre ces deux pays.

Scène de chasse royale, détail d'Isabelle d'Angoulême et d'Aliénor
d'Aquitaine suivies de deux écuyers Fresque XIIe - XIIIe siècles, chapelle de Ste Radegonde

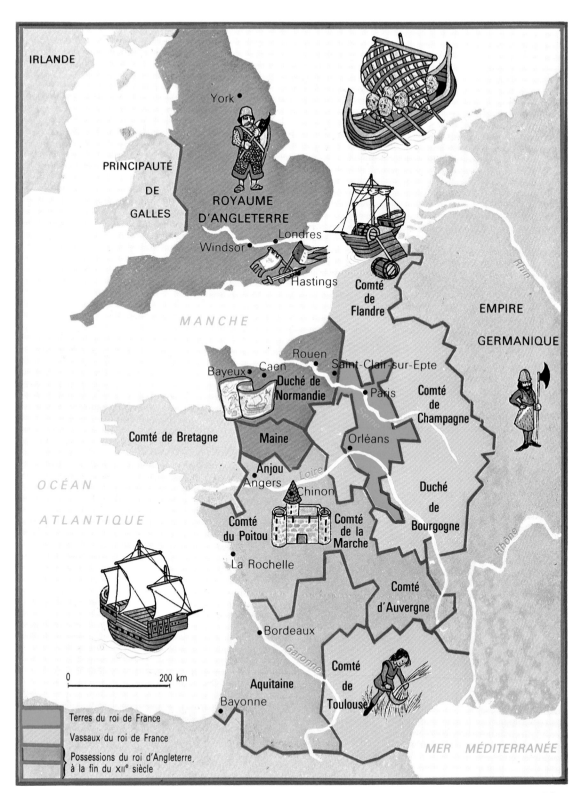

IRLANDE

York

PRINCIPAUTÉ
DE
GALLES

ROYAUME
D'ANGLETERRE

Londres

Windsor

Hastings

MANCHE

Comté
de
Flandre

EMPIRE

GERMANIQUE

Rhin

Rouen

Bayeux   Caen   Saint-Clair-sur-Epte

Duché de
Normandie

Paris

Comté
de
Champagne

Comté de Bretagne

Maine

Orléans

Seine

OCÉAN

ATLANTIQUE

Anjou
Angers

Chinon

Loire

Comté
du Poitou

Comté
de la
Marche

Duché
de
Bourgogne

Rhône

La Rochelle

Comté
d'Auvergne

Bordeaux

Garonne

Comté
de
Toulouse

0   200 km

Aquitaine

Bayonne

MER MÉDITERRANÉE

Terres du roi de France

Vassaux du roi de France

Possessions du roi d'Angleterre
à la fin du XIIᵉ siècle

29

Bijoux vikings en or

Bateau viking, le Gokstadskipet

● Marchands et navigateurs

Les Normands n'oublient pas leur origine viking. Excellents navigateurs, ils commercent activement avec la Scandinavie. Ils remontent et descendent aussi fréquemment la Seine, entre Rouen et Paris. Leurs bateaux transportent le plus souvent des fûts de vin.

Les Normands disposent de grandes quantités d'or et d'argent ; ces trésors proviennent des monastères pillés par les pirates vikings, leurs ancêtres, mais aussi des sommes d'argent qu'ils exigent pour se retirer d'un territoire.

● D'ingénieuses techniques

La Normandie compte de nombreux charpentiers. Très habiles, ils fabriquent des navires de guerre maniables et légers, les drakkars, mais aussi des bateaux de commerce, aux formes arrondies, capables de transporter de lourdes charges.

Les charpentiers de marine appliquent leurs méthodes à la construction des maisons aux pans de bois très caractéristiques.

Les Normands utilisent les techniques les plus récentes et pratiquent des méthodes de culture modernes. Les grands domaines sont équipés de moulins à eau ou à vent.

de Guillaume

● **Le développement du commerce**

Les ducs de Normandie favorisent le commerce. Ils attirent de nouveaux habitants dans les bourgs et les villes en leur accordant des libertés exceptionnelles et des privilèges.

● **Dans les campagnes**

Les côteaux normands sont souvent couverts de vignes. Ce n'est que bien plus tard, au XVIe siècle, qu'on importera les célèbres pommiers. Une grande partie du territoire est encore couverte de forêts où la chasse est réservée au duc et aux puissants seigneurs.

Beaucoup d'arbres sont coupés pour la construction des maisons et des bateaux. Aussi, les forêts se dégarnissent peu à peu et les arbres font de plus en plus souvent place à des broussailles. Défrichés, de larges espaces de terre sont mis en culture.

Les travaux des mois :
Septembre et la vendange
Peinture murale du XIe siècle,
Panthéon royal de St Isidoro

Labourage/Codex Oppiano-manuscrit grec du XIe

Guillaume fait Harold chevalier

Harold et sa meute

Pour retracer son aventure, Guillaume fait broder une longue pièce de tissu par des artistes saxons et scandinaves. Cette « tapisserie » nous renseigne sur la vie des gens à l'époque de Guillaume. Une grande quantité de détails y sont représentés. A l'origine, la tapisserie devait orner l'intérieur de la cathédrale de Bayeux : elle mesure plus de soixante-dix mètres de long sur 50 centimètres de hauteur. Sous la Révolution française, elle servit de bâche. Puis, Napoléon l'employa comme moyen de propagande contre l'Angleterre à l'époque où, lui aussi, espérait envahir ce pays.

La tapisserie comprend cinquante-huit scènes qui racontent la conquête de l'Angleterre par les Normands. Chaque scène est comme un tableau vivant, expliqué par un texte. Des textes en latin chantent les louanges de Guillaume le Conquérant. Première bande dessinée de l'Histoire, c'est aussi une magnifique œuvre de propagande imaginée par Guillaume pour justifier l'expédition normande.

Les drakkars et le débarquement de Guillaume 1er

la tapisserie de Bayeux

Four de campagne, repas des soldats

Cavaliers, fantassins

Les cavaliers se dirigent vers Hastings

• La reine Mathilde

Mariée au duc et roi Guillaume, elle fonda l'abbaye aux Dames de Caen ; le texte de l'épitaphe gravé sur son tombeau, dans cette abbaye, est d'une grande beauté :

« Cette belle tombe abrite dignement Mathilde, issue de souche royale, d'une insigne noblesse morale...
Elle fut la providence des malheureux, pleine de bonté.
En distribuant ses trésors, elle fut pauvre pour elle-même et riche pour les indigents. »

La reine Malthide, femme
de Guillaume le Conquérant
XVe s.

• Portrait de Guillaume

Chapelain du duc Guillaume, Guillaume de Poitiers est plein d'admiration pour son maître. Il en fait un portrait flatteur :
« C'est un spectacle magnifique de le voir tenir les rênes (de son cheval), paré de l'épée, étincelant derrière son bouclier, menaçant sous son casque, avec sa lance... Les ornements qu'on revêt pour marcher à l'ennemi lui convenaient parfaitement. Le courage et la force virile éclataient en lui... »

Guillaume de Poitiers,
Histoire de Guillaume le Conquérant,
éd. R. Forville, Paris, 1952

• Le « Domesday-Book »

Le « Domesday-Book » est le registre où l'on a enregistré les résultats d'un recensement de toutes les propriétés et biens du royaume anglais. Les sujets de Guillaume qui redoutaient les conséquences de cette enquête ont surnommé le registre le Livre du Jugement dernier.
« Dans la 20e année du règne de Guillaume, roi des Anglais, par son ordre fut établie une description de toute l'Angleterre, des campagnes, des possessions des différents seigneurs... Des enquêteurs furent envoyés dans des localités où on ne les connaissait pas... afin qu'ils informent le roi des fraudeurs. »

Chronique de Robert de Hedford

À propos de Guillaume

• Un roi respectueux

Certains ont vu en Guillaume des qualités notables, comme ce chroniqueur admiratif :

« Le roi Guillaume était un homme très avisé, très puissant, plus digne de considération qu'aucun de ses prédécesseurs. Il était affable pour les gens de bien qui aimaient Dieu, et dur au-delà de toute mesure pour quiconque résistait à sa volonté. »

Chronique anglo-saxonne, version E,
année 1087. Cité d'après M. de Boüard,
Guillaume le Conquérant, Fayard, 1984

• Un conquérant impitoyable

D'autres ont vu en Guillaume un conquérant responsable de la détresse et de la ruine du peuple anglais.

« Il a réduit à la détresse le malheureux peuple et par la suite, les choses ne cessèrent d'empirer. »

Chronique anglo-saxonne, Version D

« ... pour l'Anglais moyen qui a vécu entre l'avènement du roi Edouard et la mort du roi Guillaume, la Conquête a dû apparaître comme un indicible désastre. »

Frank M. Stenton,
Anglo-Saxon England, Oxford, 1971

• La voix du peuple anglais

*« Il a bâti des châteaux
et durement opprimé les pauvres gens...
Il sacrifia tout à son âpreté.
Il organisa une sévère protection pour le gibier.
Quiconque avait capturé un cerf ou une biche
devait avoir les yeux crevés. »*

Poème populaire
cité par la chronique anglo-saxonne

Dans la lettrine, Guillaume de Jumièges
remet son œuvre à Guillaume le Conquérant
1er quart du XIIe, « Gesta Normannorum » de
Guillaume de Jumièges